الطبعة العربية الأولى عام 2019

دار جامعة حمد بن خليفة للنشر
صندوق بريد 5825
الدوحة، دولة قطر

www.hbkupress.com

كل شيء عن سمك القِرْش

صدر هذا الكتاب للمرة الأولى في فرنسا عن لو بوميي عام 2017

كتابة النص العربي: هويدا سبيعي

الترقيم الدولي: 9789927137662

تمت الطباعة في الدوحة قطر.

مكتبة قطر الوطنية بيانات الفهرسة – أثناء – النشر (فان)

موتو، فرانسوا، مؤلف.

[Tout sur le requin].Arabic

كل شيء عن سمك القرش / فرانسوا موتو ؛ جريجوار مابير. الطبعة العربية الأولى. – الدوحة : دار جامعة حمد بن خليفة للنشر، 2019.

صفحة ؛ سم

تتمك 978-992-713-766-2

1. القرش (أسماك) -- أعمال للأطفال. أ. مابير، جريجوار، رسام. ب. العنوان.

QL638.9 .M68125 2019

597.3 – dc23

2019 27364677

المؤلف

فرانسوا موتو، طبيب بيطري كان مسؤولًا عن وَحْدة البحوث في مجال علم أوبئة الأمراض الحيوانية في ميزون-ألفور. يواصل حاليًا اهتمامه ببعض الأمراض، ويسافر لمراقبة أنواع مختلفة من الحيوانات البرية والمائية، ويقابل الأشخاص الذين يدرسون هذه الأنواع.

الرسام

جريجوار مابير، ولد في سان-لو ويعيش في نانت. حاصل على شهادة في الطبخ، لكن حبه للرسم حثّه على دراسته في معهد سان لوك في بروكسيل. وبعد إتمام دراسته، عَمِل بشكل خاصّ في كتب الأطفال (ميجاد، جلينا، كاسترمان، كلوشات،...)، وفي الصحف المتخصصة للأطفال أحيانًا. www.gregoiremabire.com

كل شيء عن
سمك القرش

فرانسوا موتو • جريجوار مابير

دار جامعة حمد بن خليفة للنشر
HAMAD BIN KHALIFA UNIVERSITY PRESS

المحتويات

ادخلوا عالم أسماك القِرْش

مَنْ مِنَّا لم يسمع يومًا بأسماك القِرْش؟ حتى وإن لم يَحظَ الجميع بفرصة رؤيتها في الماء، أو السباحة معها -نعم هذا أمر ممكن- فإنَّ الجميع يعرفها تمام المعرفة. هل هذا صحيح؟

تُمثل أسماك القِرْش عالمًا خاصًّا بها. ويوجد منها أكثر من 500 نوع معروف، ويتراوح طولها بين بعض السنتيمترات إلى أكثر من 12 مترًا، وقد يصل طولها -في الحد أقصى- إلى 20 مترًا!

يختلف أسلوب حياة أسماك القِرْش باختلاف أنواعها، والمحيطات التي تعيش فيها.

لا يوجد سمك قِرْش «متوسط»، بل تتنوع الأشكال والتصرفات بتنوع الأنواع التي تنتمي إليها. ولحسن الحظ، تتشارك الأنواع كلُّها صفات معينة. فلنتعرف أكثر على أسماك القِرْش، لنتعلم المزيد عنها.

من أنت أيها القِرْش؟

تتحوَّل الزعانف الحَوضية لذكور سمك القِرْش إلى أعضاء تَزاوج. ويمكن معرفة جنس السمكة من خلال شكلها الخارجيّ.

قد يعلو ظهر القِرْش زَعْنِفَة أو زَعْنِفَتان ظهريتان، وزَعْنِفَة أو زَعْنِفَتان بَطْنيَّتان، وتختلف أشكال الزَّعَانف باختلاف أنواع القِرْش فتكون مُثلَّثة أو قصيرة، أو ممدودة، أو على شكل عَلَم، أو مع شوكة، أو مستطيلة، إلخ...

تتحول الزَّعْنِفَة الظهرية لسمكة الريمورا اللاصقة إلى مِحْجَم.
تسريحة جميلة! أفضل من تسريحة لاعبي كرة القدم!

أسنان على الجلد!

لسمك القِرْش أسنان في الفم وعلى الجلد كذلك! وفي هذه الحالة، تكون صغيرة جدًّا وتسمى «الأسنان الجلدية».

الفصل 1

من أين يأتي سمك القِرْش؟

ممَّ اشْتُقَّ اسم القِرْش باللغة الأجنبية؟

في اللغة النورماندية القديمة، المقطع اللفظي quin يعني كلب، ويبدو أنَّه كان يُعتقد أنَّ هذه «السمكة» الضخمة يمكن أن تُقارن بالكلب، ولذلك أُطْلق عليها الاسم الأجنبي quin-quin الذي تحوَّل فيما بعد إلى requin، لكن هذا التفسير لا يستند إلى مصادر موثوقة.

هل أسماك القِرْش هي كلاب البحر النورماندية؟

يُستخدم مصطلح «كلب البحر» بالفعل لوصف بعض أسماك القِرْش، سواء الصغيرة منها أو الكبيرة. وكان البعض يقول بأنَّ كلمة requin اشتقت من كلمة requiem التي تعني القِطعة الموسيقية التي تُعزَف أثناء مراسم الدفن.

تُستخدم أيضًا كلمة «squale» للقِرْش، لكننا لا نعرف مصدر هذه الكلمة.

يصف العلماء المتخصصون في علم الأسماك مُجْمَل أنواع القِرْش والشَّفْنين البحري بمصطلح «Elasmobranche» أي صَفيحيَّة الخَيَاشيم الغُضْروفية.

وماذا عن سمكة الريمورا اللاصقة؟ إنها تعني «السمكة التي تُبطئ القوارب».

إلى أيّ نوع من الأسماك ينتمي القِرْش؟

يقال عن القِرْش «سمكة» لأنه يعيش في الماء، ويسبح ويتنفس عبر خَياشيمه، لكن مصطلح «سمكة» عام جدًّا، ويستخدم لحيوانات لها تاريخ مختلف تمامًا!

على غِرَار أقربائه من أسماك الشَّفْنِين البحري، يتميز القِرْش بهيكل غُضروفي، لكنه من السُّلالة نفسها -وإن كانت البعيدة- للأسماك ذات الهيكل العظمي (مثل: التُّن، السردين، السلمون، الشبوط، السمك الأحمر، الريمورا اللاصقة). ويُعدُّ القِرْش من الحيوانات «القديمة» التي تسبح منذ فترة طويلة. صحيح أنها ليست الأفراد ذاتها ولا الأنواع ذاتها الموجودة منذ البداية، لكن قليلًا جدًّا من الحيوانات الأخرى الموجودة حاليًّا يعود إلى زمن بعيد جدًّا.

تحتلّ أسماك القِرْش مكانة هامة في حياة المحيطات. وهي تصطاد بعض الأجناس، وتتعرض للصيد بدورها من أجناس أخرى. وتعرفها المحيطات منذ فترة طويلة للغاية لدرجة أنها قد تتغير تغيرًا كبيرًا في حال اختفت أسماك القِرْش.

أُصُول القِرْش

وجدنا آثارًا لأسماك قِرْش أُحْفُوريَّة على الرغم من أنَّ غُضْروفها هشّ وضعيف وغير مُتَحَجِّر. وتتضمن -بشكل أساسي- بقايا من الأسنان والفم والجلد، إضافة إلى الأسنان الجلدية. وقد أسهمت هذه الآثار في تحديد وجود أسماك القِرْش منذ فترات زمنية طويلة جدًّا تمتد لأكثر من 200 مليون سنة.

القِرْش: الحيوان الجميل الشكل

تتشابه أسنان القِرْش، سواء كانت في فمه أو كانت تغطي جلده!

يمكن للقِرْش أن يكتفي بفرشاة أسنان واحدة فقط لتنظيف فمه وجسده، ولا يحتاج لليفة الحمام، وبذلك تكون حياته أسهل!

تتجدّد أسنان الفم كما لو كانت على سِجَّادة متحركة، أي من الخلف إلى الأمام. وتظلّ الأسنان القديمة -لدى بعض أسماك القِرْش الأُخْفُوريَّة- على الجهة الخارجية من الفم قبل أن تسقط.

تختلف أشكال وأعداد الأسنان باختلاف أنواع أسماك القِرْش واختلاف طعامها. وتتراوح بين بعض العشرات وصولًا إلى حوالي 3 آلاف! تساعد الأسنان الجلدية الصغيرة أسماك القِرْش على السباحة، إذ تقلل من الاحتكاك في الماء.

بات لِباس السباحة المصنوع بهذا الشكل ممنوعًا في المسابقات، لكننا لا نعرف حقًّا ما إذا كان فعَّالًا!

كَبِد أسماك القِرْش!!

يمثل كَبِد أسماك القِرْش حوالي خُمْس جسده، وهذه نسبة هائلة في الواقع! ويحتوي الكَبِد على كميات كبيرة من الزيت، وهو أخفّ وزنًا من الماء. وبسبب ذلك تتمكَّن أسماك القِرْش من البقاء متوازنة في الماء. وهذا أمر هام جدًّا يساعدها على الغوص، أو الصعود في الماء، أو الثبات في موقع واحد.

تكون زَعانِف أسماك القِرْش وأذيالها ثَخِينَة، وليست شفافة مثل الأسماك ذات الهيكل العظمي.

ويصل الهيكل العظمي حتى نهاية الذيل، مما يمنح بعض الأنواع القوة والقدرة على السباحة السريعة.

تتميز خَيَاشيم القِرْش بِسِمة فريدة، إذ لا يوجد شُقوق تُفْتَح وتُغْلَق تماشيًا مع حركات الفم على غِرَار الأسماك الأخرى، بل يُوجد لُوَيْحات خَيشومية يكون عددها عادة 5 على كل جانب.

تُسهِم الخَيَاشيم في استرجاع الأكسجين المُذاب في الماء، فالأكسجين ضروري للحياة سواء في الماء، أو على الأرض. ولكيلا يموت القِرْش اختناقًا يجب أن يُواصل السباحة، حتى يتسنى للمياه أن تروي الخَيَاشيمَ، وبذلك لن يكون لديه الكثير من الفرص للراحة بالحصول على قسط من النوم، لكن خلافًا لذلك، فقد تخصصت بعض أجناس القِرْش في النوم، ومنها القِرْش النائم.

أسماك الشَّفْنِين البحري، بنات عمّ القِرْش

الشَّفْنِين البحري سمكة قِرْش مُفَلْطَحة، وموجودة منذ فترة زمنية طويلة.

عندما تسبح أسماك الشَّفْنِين البحري، تبدو في غاية الجمال. ويبدو لنا كأنها تطير. وغالبًا ما نراها راقدة في قاع البحر.

وتتزيَّن أسماك الشَّفْنِين البحري المنَقَّطة بنُقط زرقاء جميلة، ويكون لبعضها مِهْمَاز إِبَرِيٌّ ينبغي الحذرُ منه.

كيف يمكن التمييز بين الشَّفْنِين البحري والقِرْش؟

يتميز الشَّفْنِين البحري بكونه مفلطحًا بالطبع. وتكون لأسماك القِرْش شقوق خيشومية على جانبي الرأس، أما عند الشَّفْنِين البحري فهي موجودة في أسفل البطن.

هل تعلم؟
أنَّ سمك المِنشار من جنس الشَّفْنِين البحري، وأن قِرْش المنشار من جنس القِرْش!

أسماك القِرْش الأُحفُوريَّة

يتواجد سمك القِرْش حاليًّا بأنواع عديدة ومثيرة للدهشة، لكن الأمر سِيَّان بالنسبة لتلك الأنواع التي انقرضت والأخرى التي بِتْنا نعرفها من خلال البقايا الأُحْفُوريَّة.

القِرْش أبو مِطْرَقة Stethacanthus productus يصل طوله إلى ثلاثة أمتار، وقد يكون الشبيهَ المائيَّ للطائرة حاملة الرادارات!

القِرْش العفريت Mitsukurina owstoni له أنف طويل وفم قابل للتَّمدد يندفع إلى الأمام. وُجِدت أُحْفُوريَّاته في العام 1887! سهَّل الجنسُ الحالي من القِرْش العفريت عمليةَ فهم الجنس الأُحْفُوريّ. فهو يعيش على عُمْق 1300 متر، ويصل طوله إلى 6 أمتار، ويصعد إلى الطبقات العليا ليَقْتَات ليلًا. وعندما يموت، تتجمَّد فُكوكه نحو الأمام، مما يعطيه شكلًا غريبًا مبهرًا.

قِرْش الهيليكوربيون Helicoprion يصل طوله إلى 8 أمتار. وتسمح له شَفْرته المِنْشارية الدائرية بتناول الرَّخَوِيات رأسية الأرجل مثل المَحَّارات المعروفة في زمننا الحالي.

القِرْش الأبيض العملاق Charcarocles megalodon كان طوله يصل إلى 16 مترًا. لكنْ لماذا انقرض؟ هل كان حجمه سببًا في ذلك؟ هل اختفت أيضًا فرائسه؟

الفصل 2

تنوُّع سمك القِرْش

تُعدُّ تصنيفات سمك القِرْش صعبة جدًّا، ولم يتفق
عليها العلماء بعد بسبب تقارُب الشبه بين مختلف
أنواعها! وقد اخترنا لكم بعض الأمثلة.

القِرْش الحوت

أكبر أسماك القِرْش حجمًا حاليًّا هما القِرْش الحوت والقِرْش المُتَشَمِّس.

يُحِبُّ القِرْش الحوت السباحة في المياه الدافئة التي تكون درجة حرارتها 28 أو 29 درجة مئوية. ونجده في المياه الواقعة بين المدارين اللذين يكون طقسهما دائمًا دافئًا. وينتقل صعودًا أو نزولًا وفقًا للفصول. ويقترب أحيانًا من الساحل حيث يمكن لمُمارِسي الغطس، أو السباحين الاقتراب منه لمشاهدته فهو مُسالِم تمامًا.

لا نكاد نعرفه جيدًا فهو للأسف مُعرَّض للانقراض بسبب كثرة صيده. أين يحصل تَزَاوُج هذه الأسماك؟ وأين يَكْبُر صغارها؟ يصل طول أكبرها حجمًا إلى عشرين مترًا، لكنه يكون عادة بطول 12 مترًا، وهذا في الواقع حجم لا بأس به.

يكون **القِرْش المُتَشَمِّس** أصغر حجمًا بقليل من القِرْش الحوت. أنفه مُدبَّب أكثر ولونه موحد. ولكن قد يفوق طوله 10 أمتار. يتواجد في المحيط الأطلسي في المياه التي تحصل على دفئها من التيار المعروف باسم تيار الخليج، ونشاهده أحيانًا أمام السواحل الفرنسية. وهو مُسالم أيضًا. له شهية كبيرة ويمكنه أن يبتلع 500 كيلوغرام من الطعام يوميًّا.

القِرْش القِطّ والقِرْش كلب البحر

أسماك القِرْش القِطّ من النوع الصغير الحجم، ونجده في عدة بحار في مختلف أنحاء العالم، وغالبًا ما تكون قرب الشواطئ أو قرب قاع البحر. وهي، على غِرَار الوَطْواط الكبير الحجم، آكلة الثمار ومدارية.

يكون طولها في أكثر الأحيان مترًا واحدًا، وتتعرَّض للصيد بشكل كبير.

تكون أجسادها عادة مُنَقَّطة، وتنام في النهار، ويَدِبُّ فيها النشاط في المساء والليل.

يكون قِرْش كلب البحر أكبر حجمًا ويصل طوله إلى 1.5 متر، ويتميّز جسده بأنّه ممدود ورفيع. نجده أيضًا قرب القاع، ويزداد نشاطه ليلًا. ومن الممكن أن نجد قرب الشواطئ الأوروبية قِرْش كلب البحر الناعم، والمُرَقَّط، والمُنَقَّط.

أسماك القِرْش «التقليدية»

عندما نذكر سمك القِرْش، تتراءى لأذهاننا الأنواع التي سوف نأتي على ذكرها الآن.
تنتمي هذه الأسماك إلى عائلات مختلفة، ولها أساليب حياة مختلفة علمًا بأنَّها تتشابه، ويتراوح طولها غالبًا بين مترين و3 أمتار، أو أكثر قليلًا.

أصبح **القِرْش الأبيض الضخم** معروفًا للغاية. فبالإضافة للحوادث القليلة التي سُجِّلت مع البشر، فإنَّ له قدرات مذهلة ولا يستحق أن يكون سيئ الصِّيت كما هو الحال اليوم. يحتوي فمه على حوالي 300 سن! يصل طول القِرْش الأبيض الأضخم إلى سبعة أمتار، ويتجاوز وزنه طنين!

يمكن التعرف على **القِرْش الثعلب (الدَّرَّاس)** من ذيله الطويل. يعيش في المياه الدافئة، أسفل المناطق المدارية. يستعين بذيله الطويل لجمع، وتدويخ أسراب الأسماك التي يفترسها. قد يصل طوله إلى 6 أمتار ووزنه إلى 500 كيلوغرام!

ينتمي **قِرْش النمر** إلى فصيلة كبيرة تكون في أغلب الأحيان مُقيمة في موقع واحد. يصل طوله إلى 4 أمتار.

قِرْش رأس الثور من الأنواع النادرة التي تستطيع أن تصعد إلى الأنهار الكبيرة، وتعيش في المياه العذبة. وهو مسؤول عن العديد من الهجمات على البشر. يكون طوله في أغلب الأحيان مترين.

أسماك القِرْش «علب المعدات»

إن شكل رأس سمك القِرْش (أبو مِطْرَقة) مدهش للغاية. ولا شك بأنَّ موقع العينين والمنخرين على جانبي الأنف يضاعف قدرات البصر والشم لديه، لكن من الصعب تخيل ما يراه ويشمه.

تعيش أسماك قِرْش (أبو مِطْرَقة) في المياه الدافئة غير المَدارية في المحيطات الثلاثة. وتتجمَّع بشكل دوريّ، وبأعداد كبيرة على حافة جُرف مائي أو جبل مغمور. ويصل طولها إلى 4 أمتار.

يُشبه القِرْش المنشار أسماك المِنشار بخرطومه المَمدود الذي يخرج منه خيطان طويلان. يستطيع أن يعيش على عُمْق يصل إلى 1000 كيلومتر، ويصل طوله إلى 1.5 متر.

يكون القِرْش الملاك مسطحًا قليلًا، لكنه أصغر حجمًا. ونادرًا ما يصل طوله إلى مترين ووزنه إلى 80 كيلوغرامًا.

أسماك القِرْش «المفاجِئَة»

كان اكتشاف القِرْش «عظيم الفم» في العام 1976 مفاجأة حقيقية. ويعيش هذا النوع على عُمْق مئات الأمتار في النهار ويصعد نحو سطح الماء ليلًا. يصل طوله إلى 5 أمتار وله رأس ضخم ويقتات العَوَالِق وقناديل البحر.

قِرْش جرينلاند ليس معروفًا بما يكفي ويعيش في المياه الباردة. إنَّه من الأنواع الضخمة التي قد تكون موجودة منذ أكثر من قرن. يصل طول أضخمها إلى 7 أمتار، ووزنه إلى أكثر من طنين! يسبح بسرعة تقل عن كيلومتر في الساعة ويملك حاسة شمٍّ قوية جدًا. إلا أنَّه أعمى تمامًا بما أنَّ المحيط الذي يعيش فيه مظلم طَوَال نصف السنة خلال الشتاء القطْبي! ويعيش حيوان من القشريات من مجدافيات الأرجل في عينيه. يا له من قِرْش غريب!

يتراوح طول قِرْش قالب الكعيكة أو القِرْش السِيجَاريّ بين 40 سنتيمترًا و50 سنتيمترًا.. وعندما يرغب في الأكل، يُلْصِق شفتيه على جسد الحيوانات المائية الضخمة، والحيتان، والفقمات، وغيرها من الأسماك، ثم يقتلع جزءًا صغيرًا من الجلد! ويذهب بعدها للاختباء في قَعْر المحيط.

الفصل 3

الحواس

أسماك القِرْش، حيوانات تتميز بحاسَّة ذوق راقية!

الإبصار

يسمح بصر أسماك القرش بتحديد مواقع الحواجز تحت الماء، ومكان الفرائس، أو الحيوانات المفترسة في الوقت المناسب، كما تستطيع من خلاله التعرف على إخوتها من النوع ذاته. فقوة البصر مفيدة للجميع مهما كان نوع سمك القِرْش.

قد لا تُمْدحُ هذه الأسماك لجمال عيونها، لكنها تستعين ببصرها بشكل أساسي للصيد. أمّا في الأعماق الغائرة وعندما يَسْدِلُ الليل ستاره، فيتعيَّن عليها أن تستعين بحواسَّ أخرى من أجل التحرك بسلامة.

عندما تسبح أسماك القِرْش في المُسَطَّحات المائية، فإنَّها تُحدِّد مكان فرائسها من الأسفل، وهي ترى ظلألًا سوداء تبرز على خلفية سماء مُنيرة. وفي المقابل، يصعب على الفرائس المحتملة أن ترى من الأعلى سمك القِرْش بظهرها الأسود على خلفية قَعْر المحيط المظلم.

صغير، لكن شديد الذكاء

يستطيع قِرْش قالب الكعيكة أو القِرْش السِيجَاريّ إصدار ضوء في الأعماق، لاستدراج فرائسه المُحتملة. وتُسمّى هذه الظاهرة «التألُّق الحيوي»، إذ إنَّ إصدار هذا الضوء يَتِمُّ بمُوجِب تفاعُل كيميائيّ طبيعيّ.

الذوق والشَّمُّ

تَختلط حاستا الذوق والشَّمَ في الماء.

من المعروف بأنَّ حِسّ التذوق متطوّر جدًّا لدى أسماك القِرْش. فباستطاعتها تحديد موقع قطرات من الدم في كمية كبيرة من الماء. وهكذا تعثُر على وجبة طعامها المَنشودة على بعد عدة كيلومترات، وتتجمَّعُ في مكان واحد مع أخواتها. فأسماك القِرْش لا تعيش في عُزلة دائمًا بل يتعيَّن عليها البحث عن مناطق التَّزَاوج والتوَالُد في الفصول المناسبة.

بما أن قِرْش جرينلاند أعمى تمامًا، ويعيش في ظلمات المياه العميقة طَوَال عدة أشهر في السنة، فلا بد له أن يعتمد بشكل أساسيّ على حاسَّة الشَّمِّ التي تكون مُتطوِّرةً جدًّا. ويبدو أنَّه يستطيع إيجاد جثة فَقمة على مسافة عدة كيلومترات.

يعلو خرطومَ أسماك القِرْش مِنخران يظهران بجَلاء أمام العينين.

الخط الجانبيّ

يُوجد عند الأسماك جميعها تقريبًا خط جانبي يمتد على طول جانب الجسد. ويُشكِّل هذا الخطّ قناة على كل جانب من جانبي القِرْش، ثم يتفرَّع إلى تفرُّعات عدة على الرأس.

يتخلَّل جسدَ أسماك القِرْش شقوق صغيرة داخل ثَنيات الجلد يُطلِق عليها العلماء اسم «تجويفات حسية» تُوجد داخل «مَيَازيب جلدية». تسميات مبتكرة، أليس كذلك؟!

الخط الجانبيّ عبارة عن عضو حسّاس لحركات الماء، والتيارات الناشئة عن البحار، أو عن حيوان آخر مثل الفريسة، أو الحيوان المفترس.

يبدو أنَّه يخلط بين المِقبض والرأس؟ أمر مؤسف للمِطْرَقة.

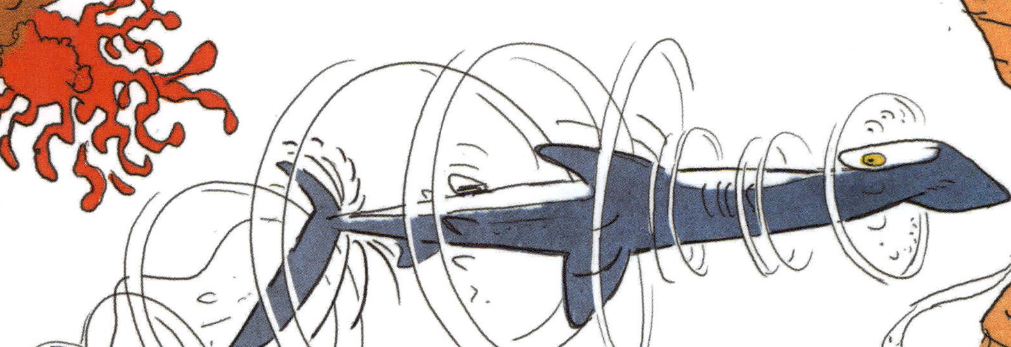

يُصاب القِرْش أبو مِطْرَقة بمرض يضرب خطَّه الجانبيّ فيضطرب تمامًا، ويفقد حِسّ التوجه لديه.

الاستقبال الكهربائي

الاستقبال الكهربائي من الحواس التي يملكها سمك القِرْش، لكن يصعب تخيُّلها في الواقع.

«يشعر» سمك القِرْش بالكهرباء التي تُنتجها حركات عضلات الحيوانات الأخرى التي تسبح في الماء. ويُطلق على هذه الظاهرة تسميةَ «تحديد الموقع كهربائيًّا» لكونها تُمكِّن القِرْش من تحديد موقع الحيوانات الأخرى، أو تسمية «الاستقبال الكهربائي»، وهو حِسٌّ يجعل سمك القِرْش حسَّاسًا للتيارات الكهربائية.

في الواقع، تُنتج كل حركة عضلية، سواء كانت من خلال السباحة أو حتى التنفس، كمًّا من الكهرباء ينتشر في الماء بشكل أفضل بكثير من انتشاره في الهواء. وتُنْتِج السمكة التي لا تسبح بشكل طبيعي -لأيّ سبب كان- حقلًا كهربائيًّا مختلفًا يُثير اهتمام حيوان مفترس مثل سمكة القِرْش التي تنتظر فريستها، لتنقضّ عليها. فكم تبلُغ سهولة اصطياد هذه الفرائس؟

«مُسْتقبِلات لورنزيني»

تُعدُّ «مُسْتقبِلات لورنزيني» التي تختصّ بأسماك القِرْش والشَّفْنين البحري أعضاء تسمح بالتقاط التغيرات في الحقل الكهربائي في الماء.

تُمكِّن هذه المُسْتقبِلات أسماك القِرْش من تحديد وِجْهتها خلال رحلات الهجرة الكبيرة بما يتناسب مع الحقل المغناطيسيّ الأرضيّ، الذي تكون حسّاسة له، تمامًا كما البُوصلة.

ومن خلال الإحساس بالضغط الجوي، تسمح هذه المُسْتقبِلات للقِرْش أيضًا بتوقُّع المُناخ السيئ، وانخفاض ضغط الجو والأعاصير.

بكل صراحة، تملك هذه الحيوانات أجهزة ممتازة تجعل منها محطات متحركة للرصد الجوي.

الفصل 4

شهية أسماك القِرْش وطعامها

يتغير النظام الغذائي مع العمر، لأن حجم أسماك القِرْش يؤثر في خَياراتها الغذائية. وقد وجدنا في مَعِدة القِرْش الأبيض الذي أُصطِيدَ في الماضي دفتر يوميات رماه قرصان في البحر قبل القبض عليه، كي لا يُستخدم دليلًا ضده في المحاكم. هذا من سوء حظ القِرْش والقرصان على حدٍّ سواء، لكن لا بد أنَّ القِرْش كان شديد الجوع كي يصل به الأمر لأكل الورق!

موسم الصيد قد ابتدأ!

تحتلّ أسماك القِرْش المرتبة الأعلى في السلاسل الغذائية البحرية؛ لأنها حيوانات مفترسة وتكون أحيانًا فائقة الافتراس فهي تأكل حيوانات هي بدورها مفترسة.

تقوم أسماك القِرْش بعدة أنواع من التنقُّلات حين تبحث عن طعامها. ويكون تنقُّل بعض الأنواع عموديًّا وبشكل يومي: ففي النهار، ترتاح في المستوى الأرضي، وخلال الليل تصطاد في الطوابق العلوية.

وتتشكَّل أنواع أخرى من أسماك قِرْش مُهاجِرة تستطيع إيجاد مواقع تجمُّعات الفرائس في المكان المناسب، وفي الوقت المناسب.

ومن أجل التقاط الفرائس، يكون لبعض أسماك القِرْش مثل **القِرْش العفريت** فم كبير بفُكوك متحركة، فيما تكتفي أنواع أخرى بفتح فمها بشكل كبير.

بعض أسماك القِرْش تصطاد في قَعْر الرمال، وتستخدم أحيانًا الخيوط الحِسّية، وينطبق هذا الوصف على **القِرْش المُنشار**. فهذه الخيوط شبيهة بشارِبَين طويلين ورفيعين. وعلى غِرَار شارِبَي القِطّ تمامًا، تكون هذه الخيوط حسّاسة لكل ما يمرُّ في الجوار.

وهناك أيضًا من يُصفِّي العَوالِق في المُسطَّحات المائية مثل **القِرْش الحوت**، أو **القِرْش المُتَشَمِّس**، أو **القِرْش عظيم الفم**.

قِرْش السِّجّاد يُمارس لُعْبة الاختفاء ببراعة كبيرة. فهو يكون ثابتًا مترصِّدًا فريسته.

قِرْش السِّجّاد المُرَقّط يقتات الفرائس الصغيرة اللينة التي يلتقطها من قَعْر المياه. ويعيش النوعان على مقربة من القَعْر.

العَوَالِق والصَّدَف والحبَّار

تقتات أضخم سمكتي قِرْش -القِرْش الحوت والقِرْش المُتَشَمِّس- العَوَالِقَ على غِرَار الحيتان. وتسبح هذه الأنواع فاغِرة فاهها، وتكون أحيانًا على مقربة من سطح الماء، بين أسراب العَوَالِق أو القِرِيدس أو الأسماك الصغيرة. ويتميز فمها بأنه كبير جدًّا وتقع المُرشِّحات على الخياشيم التي تكون متطوّرة إلى حدٍّ كبير.

قمنا ببعض الحسابات فوجدنا أنَّ القِرْش الحوت يُصفِّي 4 ملايين لتر من مياه البحر في اليوم!

لبعض أسماك القِرْش أسنان ساحقة قادرة على كسر الأصداف الموجودة في قَعْر البحار، حتى وإن ابتلعت سمكة واحدة بين الحين والآخر. وينطبق هذا الحال على القِرْش النمر، وقِرْش كلب البحر.

وتأكل بعض أنواع سمك القِرْش مثل القِرْش القِطّ الحبَّارَ وغيرَها من الفرائس المختلفة.

الأسماك

تُمثل الأسماك جزءًا هامًّا من النظام الغذائي لسمك القِرْش. وتندرج أيضًا على قائمة المأكولات بين الحين والآخر بعض أنواع القِرْش.

تسبح التجمعات الهائلة لسمك السردين، أو الأنشوفة في أسراب متراصَّة جدًّا على مقرُبة من سطح الماء، وتجذب العديد من الحيوانات المفترسة. فتنقض عليها الطيور من السماء، وأسماك القِرْش من عُمْق البحر. يا له من مأزق مخيف تقع فيه أسماك السردين!

تتنقل أسماك التُّنّ والبِينِيت في أسراب أيضًا، وتبحث بعض أنواع القِرْش عنها لتتخذها طعامًا لها. وبما أنَّ سمك البِينيت سريعة في السباحة، يتعيَّن على مفترسيها أن يكونوا سريعين لالتقاطها.

إنها حقًّا جريئة سمكة المَيلج المنظف، لا تخاف أبدًا!

عندما يكون القِرْش الرمادي في وضع أفقي معين، فإنَّه لا يصطاد، ويكون الوقت مناسبًا لسمكة المَيلج المنظف للدخول مباشرة إلى فمه وتنظيف أسنانه!

عندما يكون سمك القِرْش صغيرًا، يصبح فريسة مُحتَملة للعديد من الأسماك الأخرى. ولذلك يجب أن يعيش خلال السنوات الأولى من حياته مختبئًا، أو يكون في غاية الحذر.

السلاحف

تجذب السواحلُ التي تلوذ إليها السلاحفُ لتضع بيضها، العديدَ من الحيوانات المفترسة، ولا سيما في موسم الولادة.

يُوضَع البيض ويَفقس غالبًا على الجُزُر، مما يحدُّ من المخاطر التي تُشكِّلها الحيوانات المفترسة الأرضية، لكن البيض يظل عُرضة لخطر الطيور والحيوانات البحرية.
وتقوم العديد من أسماك القِرْش الانتهازية من مختلف الأنواع بزيارة هذه الشواطئ بشكل منتظم لالتهام صغار السلاحف.

وقد اكتشفنا مؤخرًا بأنَّ القِرْش النمر المعروف بأنه من محبي الالتزام بمسكنه كان يستطيع القيام برحلات طويلة للوصول إلى هذه السواحل في الوقت الذي تصل إليه السلاحف البالغة. وعندها يحصل الهجوم!

المشهد فظيع وعنيف للغاية. وعلى الرغم من وجود القَوقعة التي تحميها، تقع السلاحف البالغة أسيرة لأسماك القِرْش الضخمة التي تبتلعها.

قد يُفسَّر هذا التصرف بعض الهجمات التي تعرَّض لها البشر، ولاسيما المتزلجون على الماء حين يكونون مستلقين على لوحات التزلج ويجدفون بأيديهم. فقد يعتقد القِرْش حينئذ بأنَّ المتزلج سلحفاة فيهجم عليه. ولحسن الحظ، لا يقع سوى اللوح بين أسنان القِرْش.

الثدييات وأُسُود البحر والدلافين

تهجم أسماك القِرْش الأبيض الضخم وغيرها من الأنواع الضخمة الأخرى أحيانًا على بعض الثدييات البحرية.

تُعَدُّ أُسُود البحر حيوانات مستهدفة. فتفاصيل حياتها مُتَوَقَّعة وتتواجد دائمًا في المواقع ذاتها خلال الفصول ذاتها. وفي فترة الولادات، يكون التقاط صغار أسود البحر عديمي الخبرة والمُسْتَجدِّين على السباحة أسهل من التقاط البالغين منها.

وعلى غِرَار السلاحف، يُفسِّر هذا التصرفُ العنيف بعضَ الهجمات على المتزلجين على الماء، الذين يُعتقد بأنهم أُسُود البحر. وتقتات أسماك القِرْش أحيانًا على بعض الثدييات الصغيرة الأخرى مثل الدلافين وخنازير البحر، لكن هذه الحيوانات اجتماعية ومتعاضدة، ولا يسهل التقاطها. ولذلك فإنَّ التغذي عليها يبقى نادرًا نسبيًّا.

عندما تشعر الدلافين بالخطر، تتأهَّب للدفاع عن نفسها لا بل للهجوم المُضادّ. وبالطبع، يُشكِّل الدلفين أو خنزير البحر المعزولان فريسة أسهل بكثير.

الفصل 5

حضانة أسماك القِرْش

تَوالُد أسماك القِرْش

يختلف تَوالُد أسماك القِرْش اختلافًا كبيرًا عن الأسماك الأخرى. وتضع هذه المجموعة من الأسماك عددًا غير محدود من الصغار في البطن الواحد. ويستمرّ تطوُّر الجنين في البيضة، أو في بطن الأم فترة طويلة. وتتوَالد أسماك القِرْش اعتمادًا على ثلاثة أساليب مختلفة: وضع البيض، نمو الصغير داخل بطن الأم، الاحتفاظ بالبيض داخل بطن الأم حتى وقت التفقيس.

يكون الصغار مكتملي الشكل نسبيًّا عند ولادتهم، وتكون نسبة بقائهم على قيد الحياة مرتفعة تمامًا. يستمرُّ تطور سمك القِرْش في هذا المجال لفترة طويلة: فالنضج الجنسي يأتي متأخرًا، ويحصل في عمر 10 سنوات، أو 25 سنة، وقد يعيش البالغون لفترات طويلة تصل لعشرات السنين.

الحياة الحميمة التي تعيشها أسماك القِرْش غير معروفة تمامًا. ففي بعض الفصول، يتلاقى الذكور والإناث. ويحصل اللقاء في أغلب الأحيان في مواقع مختلفة تمامًا عن مواقع صيدها. فهي تتوجَّه إلى هذه المواقع للتلاقي والتَّزاوُج.

تبدو بعض العروض التزاوجية عنيفة بعض الشيء. ويقوم الذكور باحتضان الإناث بواسطة زعانفها الصدرية، ويعضونها أحيانًا!

ثم، يستعين الذكور بالزوائد المشتقة من زعانفهم الحوضية المعروفة باسم الحاضنات «ptérygopode» لإخصاب الإناث داخل قنواتها التناسلية. ويمكن للأجنة أن تنمو بعد ذلك سواء على شكل بيض يوضع خارج الجسد، أو بيض يبقى داخل جسد الأنثى، أو بواسطة مَشِيمَة مثل الثدييات.

يمكن لبعض إناث أسماك القِرْش أن تتكاثر دون الحاجة لذكر. ويُطلَق على هذه الظاهرة تسمية مبتكرة هي: التوَالُد العُذري.

أسماك القِرْش البيّاضة (التي تضع البيض)

عندما يتم الإخصاب الداخلي، تضع إناث القِرْش بعض البيض، أو ربما بضع عشرات من البيض. وتتراوح فترة الحضانة بين 5 أشهر، و6 أشهر، حتى تَفْقِس، وِفقًا لنوع القِرْش ودرجة حرارة الماء.

تبيض أسماك القِرْش القِطّ مرّة في السنة عددًا يصل إلى 20 بيضة!

تحتوي البيضة على كل المؤونة الضرورية لتطور الجنين. وقبل أن تَفْقِس البيضة، تصبح شفافة ونستطيع أن نرى شكل القِرْش القِطّ المستقبلي الذي يتحرك داخل البيضة.

نجد غالبًا في أعلى السواحل أثناء جَزْر الماء البيض الفارغ للقِرْش القِطّ. ويكون هذا البيض مستطيل الشكل، بلون بني غامق وبداخله 4 خيوط طويلة مَجدولة في زواياها الأربعة.

تهجر الأنثى البيض بعد وضعه، ولا ترعاه بعد ذلك، لكنها لا تضعه في مكان عشوائي، بل تختار له مواقع مخفية آمنة. وبفضل الخيوط الأربعة اللاصقة، يظل البيض معلقًا على الأماكن التي تضعه الأنثى عليها مثل الأعشاب البحرية، أو الحجارة، أوالشِّعَاب المرجانية، أو الإسفنج. ويُضْطَرُّ الصغار عند ولادتهم لتعلُّم كل الأمور وحدهم، بسبب انعدام العلاقة بين الأم والصغير عند هذه الأنواع.

تتضمن قائمة أسماك القِرْش البَيَّاضة الأخرى نوعين من سمك القِرْش النائم. يكون شكل بيض قِرْش ميناء جاكسون* النائم مثل: المِثقاب. ولسوء حظِّه، يعيش هذا النوع مع سمك القِرْش ذي الزِّعنفة الشراعية الذي يميل إلى قَضْم هذا البيض والتهامه. إنه تصرف غير لائق بين أفراد عائلة القِرْش الواحدة!

* يوجد هذا النوع من أسماك القَرْش في المنطقة الساحلية جنوب استراليا قبالة ميناء جاكسون، وسُمّي على اسم الميناء الذي اكتُشِف فيه.

أسماك القِرْش داخلية الفقس (يفقس البيض بداخلها، ثم تضع الصغار)

تحتفظ سمكة القِرْش بالبيض داخل جسدها. وتكون الحضانة داخل الأنثى،لكن لا يوجد أيّ تبادُل بين الأم وبيضها. وعندما يكون البيض داخل بطن الأم، تُوجد داخل عضو خاص يسمَّى «مجرى البُوَيضة الأُنثوية».

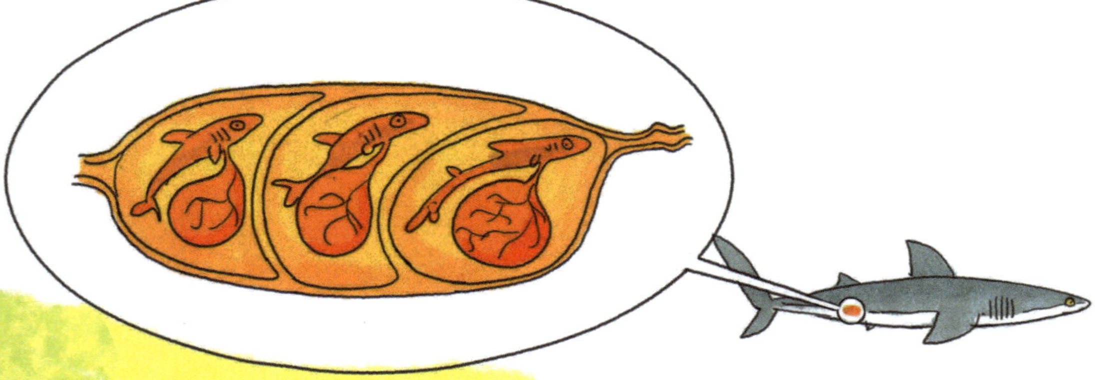

ينمو صغار القِرْش بفضل الغذاء الموجود في البيضة. وعلى غِرَار بيضة الدجاجة إذ يتغذَى الصغير من مُحّ البيضة وصفارها، يجد صغير القِرْش أيضًا ما يحتاج إليه في البيضة، مهما كان لونها.

تَفْقِس البيضة في بطن الأم ويُولَد الصغار «فَقْسًا» في الماء تقريبًا في الوقت نفسه، وأحيانًا بعد ذلك بقليل. وعندما تُولَد، يخرج رأسها أولًا، كي تتنفس من خلال خَيَاشيمها في أول فرصة ممكنة.

تكون بداية حياة صغار القِرْش صعبة إذ عليها أن تتعلم كل شيء وحدها. فالأم ليست موجودة لتربية أطفالها وتعليمهم. يا لها من أنانية!

تكتفي سمكة القِرْش الأم باختيار موقع مخفي يكون صغارها حديثي الولادة محميين فيه من المخاطر الكبرى. وتكون هذه المواقع غالبًا على مقربة من السواحل أو في الأعشاب، أو في الخلجان الصغيرة. وتُفضِّل بعض الأنواع الغابات المدارية المغمورة، أو مُسْتنقَعات المَانْجُروف (الأيكة)، وتتَّجه أسماك القِرْش الصغيرة للاختباء فيها.

قد نجد في مُسْتنقَعات المَانْجُروف (الأيكة) أحواضًا مائية حقيقية تتوسَّطها أشجار القَرْم التي تُشكِّل هذه الغابة بالتحديد. ولا يمكن إلّا للأسماك الصغيرة أن تسبح بين جذور هذه الأشجار للوصول إليها.

وفي هذا الموقع، تتعلَّم أسماك القِرْش الصغيرة اصطياد الفرائس الصغيرة مثل: إصبعيات الأسماك أو القريدس. ويتعيَّن عليها الرحيل من موقعها باتجاه البحر قبل أن يكبر حجمها كثيرًا.

تلدِ أنثى القِرْش النمر حتى 80 صغيرًا، فيما لا تُنتج أنثى قِرْش رأس الثور في أغلب الأحيان سوى صغير واحد أو اثنين.

أسماك القِرْش الولودة

ينمو صغار بعض أسماك القِرْش في بطن الأم، وتحدث بينهما تفاعلات. فهي تغذيها بواسطة عضو خاص يشبه إلى حدٍّ كبير مَشِيمَة الثدييات.

يمكن للأجنة أن تتغذى أولًا من المَؤونة الغذائية الخاصة الموجودة داخل البيضة، ثم من البيض غير المُخَصَّب الموجود في مجرى البُوَيْضة الأنثوية، بالإضافة إلى وجود بعض حالات التغذي على البيض الآخر في بطن الأم.

فعلى سبيل المثال، في حالة **القِرْش الأبيض الضخم**، لا يُولَد في المتوسط سوى واحد من أصل عشرة علمًا بأن العدد الأوليّ للبيض يكون أكثر بكثير.

ونعرف عن أسماك **القِرْش الليموني** المزيد من المعلومات، إذ يَستنْزِف الجنين كل المؤونة الغذائية الموجودة في بيضته خلال الثلث الأول من الحمل. وعندها، يلتصق الغلاف الفارغ للبيضة بمجرى البويضة الأنثوية للأم. وتوفر له الدورةُ الدمويةُ للأم الموادَّ المطلوبة إلى أن يتحوَّل إلى مَشِيمَة حقيقية، تكون عضوًا للتبادل بين الأم والجنين.

هل قلّدت الثدييات أسماك القِرْش؟

يبدو أن أسماك القِرْش غير مستعجلة إذ إنَّ «حَمْل» الأنثى يتراوح بين 8 أشهر، و9 أشهر، وصولًا إلى سنة، ويزيد ليصل إلى سنة عند أسماك القِرْش المُتَشَمِّس، أو القِرْش الشائك. ويدوم حمل أنثى الفيل فترة أطول بعد!

تستطيع أنثى القِرْش الأزرق أن تلد حوالي 100 صغير.

تُولد هذه الأسماك بخروج رأسها أولًا، لكي تتنفس بواسطة خَيَاشيمها في أقرب فرصة ممكنة.

عندما يُولَد صغير القِرْش الحوت، يكون حجمه 70 سنتيمترًا. ويمكن أن يكون حوالي 300 صغير آخذين في النمو، لكن في مراحل مختلفة!

الفصل 6

الأبطال الرياضيون البحريون

أبطال في السباحة

تكون أغلب أسماك القِرْش مُجَهَّزة للسباحة. وهي تُشكِّل في هذا المجال أكثر الحالات جمالًا وشهرة. يغْطِس الخَطْم المدبَّب في الماء، وتتجنَّب الأسنان الصغيرة الاحتكاكات الأكبر التي تُبطئ الحركة، ويتحقّق التوازن بفضل زعانف الصدر والذيل القوية، التي تحقِّق التوازن وتوجِّه وتدفع نحو الأمام.

تُساعد الزعانف الأصغر حجمًا، مثل تلك التي تُوجد على جوانب بعض الأنواع، على تثبيت الجسم. ويساعد ذلك على جَريان الماء، ويُتيح سباحة سريعة واقتصادية.

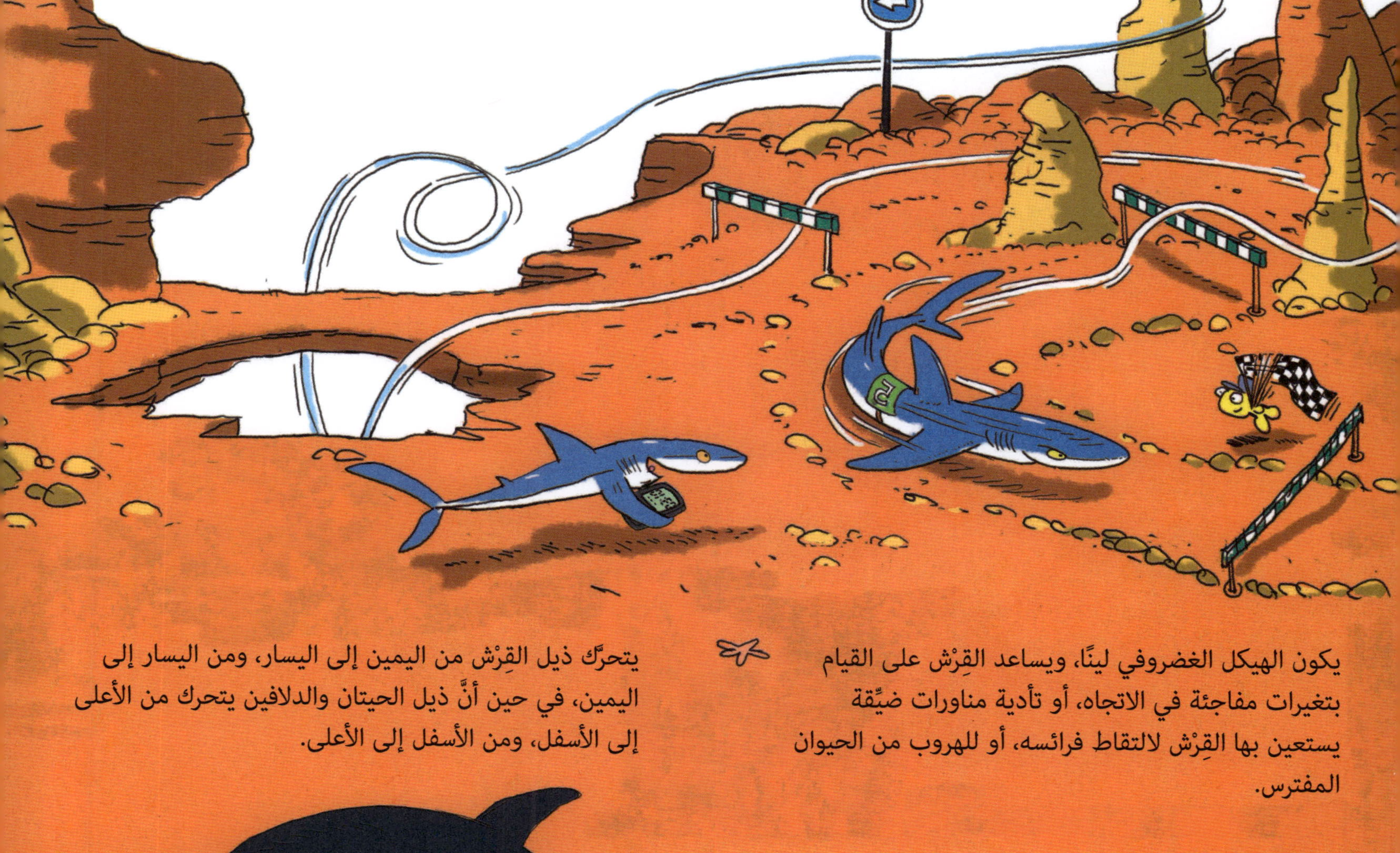

يكون الهيكل الغضروفي لينًا، ويساعد القِرْش على القيام بتغيرات مفاجئة في الاتجاه، أو تأدية مناورات ضيِّقة يستعين بها القِرْش لالتقاط فرائسه، أو للهروب من الحيوان المفترس.

يتحرَّك ذيل القِرْش من اليمين إلى اليسار، ومن اليسار إلى اليمين، في حين أنَّ ذيل الحيتان والدلافين يتحرك من الأعلى إلى الأسفل، ومن الأسفل إلى الأعلى.

معلومة

يستطيع القِرْش الأبيض الضخم القفز كليًّا خارج الماء عندما يودُّ التقاط أسد البحر. ويمكننا أن نتخيَّل مدى القدرة التي يحتاج إليها لخروج هذه الكتلة الضخمة من الماء كليًّا.

أبطال السرعة

أسماك القِرْش سبَّاحة قوية، لكنها تحرص في أغلب الأحيان على التوفير. فالسباحة بسرعة تتطلَّب طاقة. وعندما تتراوح سرعة السِّباحة بين 3 و4 كيلومترات في الساعة فإنها تستطيع اجتياز المحيطات.

تكون أسماك القِرْش كلها قادرة على زيادة سرعتها بشكل مفاجئ لاصطياد فريسة، أو لمحاولة الهروب من هجوم ما.

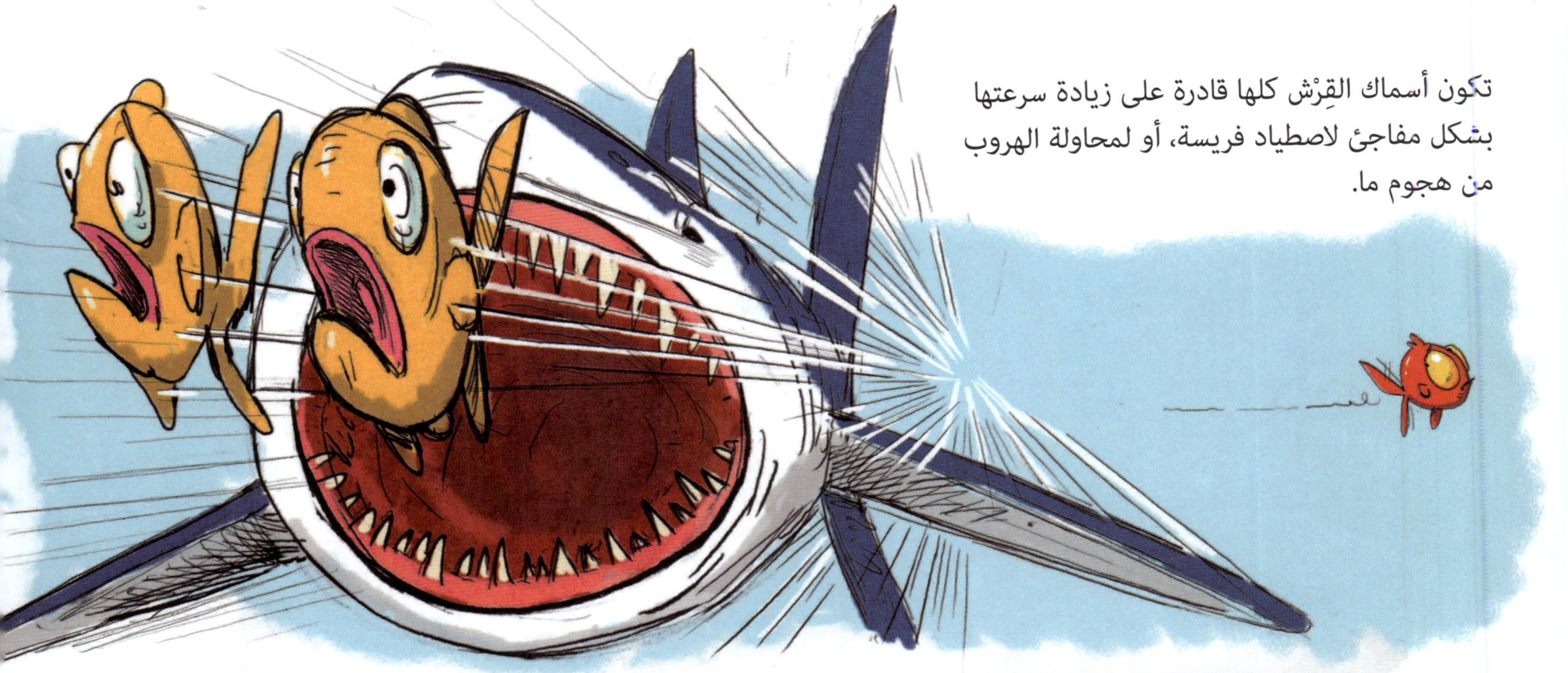

يمكن أن تصل سرعة **القِرْش الأبيض الضخم** إلى حوالي 40 كيلومترًا في الساعة. وبذلك يتجاوز سرعة بطل العالم بـ 100 متر!

أما البطل الأول في كل فئات السرعة فهو سمكة **قِرْش الذئب (ماكو)** التي قد يصل طولها إلى 4 أمتار. يكون جانبا هذا القِرْش بلون أزرق غامق في حين أن بطنه أبيض اللون. تصل سرعته على الأرجح إلى 50 كيلومترًا في الساعة. ونعتقد بأنه لكي ينجح قِرْش الذئب (ماكو) في هذا الإنجاز فلا بد أن يتمكن من زيادة درجة حرارة جسده إلى أكثر من 10 درجات مئوية عن درجة حرارة الماء. وفي الواقع، بما أن البرودة تُضعف العضلات، فإن شعوره بالدفء يحسِّن أداءه.

معلومات

حقَّق قِرْش الذئب (ماكو) رقمًا قياسيًّا تَراوَح بين 70 و80 كيلومترًا في الساعة، وهو بذلك أسرع بضعفين من الحصان في حالة العَدْو! ولقياس هذه السرعة، وضعنا كاميرا على زورق آلي تجذب سمكة القِرْش فتتبعها، وتمكّنا من قياس مدى سرعتها. وأجرينا تجربة حقَّق فيها القِرْش الفوز، لا بل بدأ الدخان يخرج من محرك الزورق قبل أن يتوقف تمامًا! أما القِرْش فأكمل طريقه بكل هدوء!

لا حاجة لمِصْعد!

تصطاد أسماك القِرْش عادة خلال الليل، وترتاح خلال النهار. وعندها فإنها تنزل حتى تصبح على مقربة من القَعْر، أو تستقرّ فيه، وِفْقًا للأنواع، فبعضها يصعد وينزل، ويجتاز بذلك بضع مئات الأمتار صباحًا ومساءً دون مِصْعد.

يساعد الكَبِد الكبير المُزَيَّت لأسماك القِرْش على أداء حركة «اليويو» تحت الماء (انظر الصفحة 12).
تعيش بعض الأنواع بشكل منتظم على مقربة من القَعْر. وقد وُجد قِرْش صغير الحجم يعرف باسم «بايلونا» على عُمْق 3700 متر، وهو رقم قياسي بين أسماك القِرْش.

تعيش أسماك القِرْش المزرْكش التي يصل طولها إلى مترين دائمًا في الأعماق. ويختلف هذا النوع عن غيره من أسماك القِرْش في أن له 6 فتحات خيشومية عوضًا عن 5 فتحات. وبما أنها لا تصعد إلى سطح الماء إلا نادرًا فإننا لا نعرف عنها الكثير من المعلومات. لها جسم ممدود جدًّا ولأسنانها 3 رؤوس.

حركات الهجرة

لكي نُثبِت بأن أسماك القِرْش لا تتنزَّه في المحيطات بشكل عشوائي، كان لا بد أن نغرز فيها علامات وتتبع حركاتها بواسطة الأقمار الصناعية. وقد أتاح لنا ذلك إمكانية تحديدها والتعرف عليها.

توجَّهت **أنثى قِرْش أبيض ضخم** غُرِزَت فيها علامةٌ في جنوب أفريقيا نحو الساحل الغربي لأستراليا مُجتازة كل المحيط الهندي. ثم عادت أدراجها إلى موقعها الأول، أي أنَّها بنزهتها هذه اجتازت مسافة 10 آلاف كيلومتر تقريبًا في الذهاب والعودة! ولم نعرف سبب هذه الرحلة!

يبدو أنَّ إناث **أسماك القِرْش الأبيض** وذكورها التي تعيش في المحيط الهادئ الشرقي تقوم بالعديد من الرحلات الكبيرة بشكل مستقل، ولا تلتقي إلا من أجل التكاثر.

تُعدُّ **أسماك القِرْش الأزرق** أيضًا من الرحَّالة المُهَاجرة. ونعتقد بأن مُسْتقبِلات لورنزيني تعمل على شاكلة جهاز تحديد المواقع فتحفِّز مسار هجرة أسماك القِرْش وفقًا للحقل المغناطيسيّ الأرضي.

أسماك القِرْش النائمة والزاحفة

حتى وإن كانت أسماك القِرْش معروفة بأنها تتقن السباحة إلا أنه ينبغي ذكر الأنواع النائمة، الحاضنة، السَّجَّادة، وهي جميعها أسماك قِرْش، لكنها تحطُّ على قَعْر البحر في أغلب الأحيان. ويختبئ بعضها بين الشِّعَاب المُرجانية والأعشاب البحرية بحيث تكون مَخفية، وتبتلع الأسماك الطائشة التي لا تراها!

يُطلق على **أسماك القِرْش النائمة** حاليًّا تسمية أسماك القِرْش الحاضنة، وتشبه إلى حدٍّ كبير أسماك القِرْش الأُحْفُوريَّة التي تعود إلى زمن بعيد غابر. وتنتمي إلى المجموعات التي ظهرت منذ زمن بعيد، ولا تزال موجودة حتى اليوم.

ويبدو أن هذا النوع من سمك القِرْش لم يشعر بالتعب بعد كل هذا الوقت. فهل يملك يا ترى سرَّ العمر المديد؟

تنتمي **أسماك القِرْش الكَتفية** التي تعيش على الحاجز المُرجاني الكبير في أستراليا إلى نوع مثير للدهشة.

فبفضل زعانفها تستطيع أن تزحف خارج الماء خلال فترة الجَزْر، بين المُسْتنقَعات الصغيرة، وعلى الشِّعَاب المرجانية. وحتى عندما يكون المدّ عاليًا فإنه يبدو لنا بأنها تمشي على قَعْر الماء ولا تسبح.

الفصل 7

مَن يُهدِّد مَن؟

هل يجب أن نخاف من أسماك القِرْش أو يجب حمايتها؟
فيما يلي معلومات تساعد على الإجابة.

سُمعة سيئة

صحيح، يُعرف عن أسماك القِرْش بأنَّها سيئة السُّمعة. فهل هذا الأمر مبرَّر؟ بالطبع لا. فلطالما كان - ولا يزال - البشر أكثر خطرًا على البشر الآخرين من أسماك القِرْش.

يخوض البحارة غِمار المحيطات منذ زمن طويل ومخاطر البحار تخيفهم. فالعواصف والتيارات والشِّعَاب والجبال الجليدية جميعها تهدِّد المراكب أكثر مما تفعله أسماك القِرْش.

كان البحارة يعتقدون في الماضي بوجود وحوش مائية مختبئة تحت سطح الماء. ومن الممكن أن تكون أسماك القِرْش بابتساماتها الغريبة وأسنانها الحادة ضمن هذه الوحوش.

لكن الشائعات التي نسمعها ليست مهمة، المهم هو ما نراه بأمِّ أعيننا. فعندما بدأنا ندرس أسماك القِرْش بدأت الحقيقة تظهر مختلفة تمامًا عما كان يُقال.

الصيد والإفراط في الصيد

يمكننا أن نناقش، ونُطيل المناقشة في أن أسماك القِرْش تأكل البشر، لكن لا نذكر كثيرًا أن البشر هم آكلو سمك القِرْش، وهذا لسوء حظّ هذه الأسماك!

يُعرض لحم سمك القِرْش عند معظم بائعي السمك. فنحن نصطاد الكثير من أسماك القرش القطّ ونأكلها. وقِرْش كلب البحر ضمن المأكولات التي تسمى «السلمونيات». ويفضل الآسيويون إلى حدّ كبير زعانف القِرْش، لكنهم لا يحبون الأجزاء الأخرى. ولذلك تُصطاد أسماك القِرْش، وتُقطع زعانفها ويُلقى الباقي. مسكينة هذه الأسماك...

عندما تُستخدم الشبكات والقوارب الكبيرة، والصنارات بشِصِّها المَعقوف على مساحات عدة كيلومترات، يصبح الصيد عشوائيًّا، ولا ينتقي أنواعًا معينة. وتصبح نتائج الصيد «العشوائية» (غير المرغوبة من الصيادين) هامة جدًّا، وتُهْدَر معها حياة العديد من أسماك القِرْش. بِتْنا اليوم نتحدث عن الإفراط في الصيد. ولم يَعُد لدى الأسماك جميعها بما فيها أسماك القِرْش الفرصة لكي تكبر، وتتكاثر وتحل محل تلك التي أُصطيدت.

الاستهلاك

هل يمكننا أكل أسماك القِرْش عندما لا يكون نوعها مهددًا بالانقراض، ويعاملها الصيادون باحترام؟ يوجد العديد من الوصفات التي تساعد على إعداد وجبات لذيذة. وتختلف التقاليد طبعًا باختلاف الدول.

يصل طول أسماك قِرْش هايفن الذي يعيش في بحر الشمال، من بحر المانش حتى الأطلسي، إلى مترين ويُطبخ لحمه على طريقة «النورماندي» مع الكريما وعصير التفاح.

في أيسلندا، يحظى قِرْش جرينلاند بوصفة خاصة تُسمّى «هاكاري». وبموجب هذه الوصفة، تُدْفَن السمكة لمدة 6 أشهر كي تخرج منها كل المواد السامة. وبعد ذلك، يبدو أن رائحتها لا تُحتَمل، لكن طعمها رائع!

يُشتهر في آسيا حَساء زعانف القِرْش. وفي هذه المناطق، يشكل الحَساء جزءًا هامًّا من التشكيلة الغذائية.

حتى أنهم يستخدمون زيت كَبِد القِرْش الذي يُعطى على شكل فيتامينات، كما أنّه يدخل أيضًا في صناعة مراهم الوقاية من الشمس!

ويصنع من غضاريف القِرْش حبوب لعلاج آلام المفاصل.

ما أشكال المخاطر التي تشكلها أسماك القِرْش؟

من الصعب أن نعرف عدد الأشخاص الذين تعرضوا لهجوم من أسماك القِرْش. ويحظى بعض هذه الهجمات باهتمام إعلامي كبير في حين يقع هجوم آخر في دول ولا يتحدّث عنها أحد. وقد يتراوح عدد الحوادث المُميتة هذه بين 10 إلى 20 حادثة في السنة.

هل يجب أن نضيف «الهجمات» التي يقوم بها القِرْش السِّيجاري الصغير المفترس الذي سبق له أن عضَّ غَطّاسَين إلى هذه الحوادث؟

يزيد عدد القتلى نتيجة لحوادث صورة «السيلفي» الشخصية عن عدد ضحايا أسماك القِرْش! لا بل حتى عدد القتلى من جراء سقوط حبات جوز الهند عليهم يكون أكثر من ضحايا أسماك القرش!

يُشكِّل سمك القِرْش خطرًا على من يأكل لحمه وإن كان ذلك في حالات نادرة جدا. فبعض الأنواع تتركّز في جسدها سموم بحرية تسبب المرض للأشخاص الذي يأكلون لحومها.

أسماك القِرْش المُهدَّدة بالانقراض

أسماك القِرْش لا تشكل تهديدًا لحياة البشر، لكن العديد من أنواع القِرْش باتت مهددة بالانقراض إن لم تُتَّخذ التدابير اللازمة لحمايتها. ولذلك يجب أن نتركها وشأنها، سواء أسماك القِرْش أوالمحيطات التي تعيش فيها.

إن الكميات الكبيرة من اللحوم والزيوت التي توفرها أسماك القِرْش المُتَشَمِّس والقِرْش الحوت هائلة، مما يجعلها مرغوبة دائمًا من الصيادين.

وتقترب أسماك القِرْش هذه طوعيًا من السواحل وهي غير مفترسة. ومع أن القِرْش الأبيض الضخم مُخيف الشكل إلا أننا بِتْنا الآن نعرف بأنه خجول، ولا يهاجم البشر إلا في حالات نادرة! ولأن صيده كان مُفْرَطًا فيه، وهو أيضًا يتكاثر بوتيرة بطيئة، فقد أصبح من الضروري حمايته.

أصبحت أسماك قِرْش الشِّعَاب الرمادي ذات الأطراف البيضاء أو السوداء أو الرمادية نادرة بسبب الإفراط في اصطياد أسماك الشِّعَاب. ولأنها حُرمت من طعامها، فانخفض عددها إلى حدّ كبير. ويُهدِّد صيد الزعانف الضخم الأنواع كلها. ويُقتل بسببها عشرات الملايين من أسماك القِرْش كل سنة، بأعداد تتراوح بين 50 مليون و180 مليونًا.

معلومات
تصطاد أوروبا وحدها 20٪ من الكميات العالمية من أسماك القِرْش المعروفة سنويًا.

الفصل 8

أسماك القِرْش والبشر

ما كان من الممكن ألا تثير حيوانات بحرية بضخامة أسماك القِرْش اهتمام البشر الذين يركزون عليها منذ أمد طويل.

أسماك القِرْش في الكتب

يصف الكاتب جول فيرن في كتابه «عشرون ألف فرسخ تحت الماء» المعركة بين سمكة قِرْش والقبطان نيمو لإنقاذ صياد لؤلؤ مسكين. ولم يكن القِرْش في هذه القصة ودودًا، وفي الواقع انتهت الأمور كلها على خير بالنسبة للجميع ما عدا القِرْش.

أسماك القِرْش في الأفلام

يعرف الجميع فيلم «أسنان البحر» للمخرج ستيفن سبيلبيرج، الذي عُرِض في العام 1975. وقد جاءت قوة هذا الفيلم من الإيحاءات التي تكتنفه، وليس مما يُظهره فعلًا في المشاهد. ولا تظهر سمكة القِرْش إلا في مرحلة متأخرة في الفيلم وإن كان وجودها موضع شك منذ البداية. ولم يتم تدريب سمكة قِرْش لتمثيل المشاهد بل تم الاستعانة بعدة مجسمات مختلفة في المشاهد المطلوبة للقِرْش الأبيض في الفيلم.

منذ فترة غير بعيدة، أخرج ديفيد وورث في العام 2002 فيلم « هجمة قِرْش 3: ميجالودون» الذي أعاد إحياء قِرْش عملاق منقرض يدعى «ميجالودون» (Carcharocles magalodon) على طول سواحل كاليفورنيا. وقد ابتلع الحيوان صاحب الشهية الهائلة العديد من أبطال الفيلم بما فيها القوارب.

أسماك القِرْش في الأفلام الكرتونية والرسوم المتحركة

أبرزت الأفلام الكرتونية كذلك أسماك القِرْش.

ففي «يوميات تن تن»، كان أبطال سلسلة باك داني يتعلمون كيفية الصراخ تحت الماء لإخافة أسماك القِرْش. وفي الواقع، كانوا طيارين عسكريين يستطيعون السقوط في المحيط الهادئ بالمظلة.

وظهر في مجموعة «تن تن» أيضًا القِرْش المدهش (فكرة البروفسور تورنوسول) في حلقة «كنز راكام لو روج» كما يوجد القِرْش الذي يبتلع قنبلة مائية في «كوك أن ستوك» وينفجر على مسافة بعيدة.

كانت أسماك القِرْش مصدر إلهام لبعض الرسوم المتحركة ففي فيلم «عالم نيمو» الذي صدر عام 2003، تقابل سمكة المهرِّج مجموعة من أسماك القِرْش التي قررت التوقف عن أكل الأسماك الأخرى.

أسماك القِرْش المستقبلية

يهتم العسكريون في الولايات المتحدة بأسماك القِرْش. ويرغبون في أن تصبح هذه الأسماك حليفاتها أو جواسيسها كي تذهب إلى الأماكن التي لا يستطيع الوصول إليها حتى الضفادع البشرية، واستطلاع الأخبار من أجلهم.

ولهذا الغرض، قاموا بزرع شريحة إلكترونية خاصة في دماغ القِرْش الذي أصبح يعرف باسم «القِرْش الآلة (السايبورغ)». ويتوجه القِرْش إلى الأماكن التي يؤمر بالذهاب إليها، ويمكنه توفير المعلومات للأشخاص الذين يحركونه عن بعد عما يشعر به حين يلتقط الحقول المغناطيسية أو الحقل الأرضي.

ولتحقيق النجاح، ينبغي أن نفهم كيف يعمل دماغ القِرْش (حتى وإن كان دماغ القِرْش صغيرًا، لكنه يظل مُعَقَّدًا بعض الشيء)، ثم اختيار القِرْش المناسب من حيث النوع والحجم.

وبالإضافة إلى القِرْش الآلة، يوجد أيضًا روبوتات على شكل أسماك قِرْش، وهي تشبه القِرْش، وتُقلِّد طريقته في السباحة، ولها عدة استخدامات.

الاستخدام 1

على غِرَار المُجَسَّم المائي، يمكن اختبار ديناميكيته المائية. كيف نستطيع أن نجعلها تسبح بشكل أفضل، وأسرع مع صرف نسبة أقل من الطاقة.

الاستخدام 2

تطبيق آخر لروبوت القِرْش يختصّ بالأطفال الذي يعانون من صعوبات في النمو أو في السلوكات. فعندما يسبحون في حوض سباحة مع هذا الروبوت المُسالم، يمكن أن يتعلموا الكثير من الأمور المفيدة مثل تقوية العضلات، واستهلاك الطاقة، وحسن التنسيق بين حركاتهم.

دراسة أسماك القِرْش

لكي نتعرَّف على أسماك القِرْش جيدًا، يجب أن ندرسها أولًا، وأن نُخصص الوقت لمراقبتها. ويمكن القيام بهذا الأمر حين تكون الحيوانات مُحتَجزة في أحواض كبيرة. وحتى إن كانت ظروفها في الحوض مختلفة عما هي عليه في المحيطات، إلا أن ذلك يساعدنا على فهم الكثير من سلوكاتها.

من الأفضل دراسة أسماك القِرْش في المحيط، لكنها عملية أكثر تعقيدًا. ولكي نتعرف عليها ومعرفة مواقعها، يمكننا أن نعتمد على أسلوب التعريف بالصور، على غِرَار الحيوانات الأخرى.

قد تكون أسماك القِرْش كثيرة الحركة، ولذلك يمكن أن نَغرِز فيها علامات. قد لا تقبل بهذا الحَمْل أحيانًا فلا بد أن ذلك يسبب لها الألم، ولذلك لم يُحدَّد سوى عدد قليل منها.

تَشتهر المياه الساحلية لجنوب أفريقيا بوجود أسماك القِرْش، وقد أُجري في هذه المنطقة عدد لا بأس به من الدراسات. و تسلَّى أحد الأخصائيين في تعلُّم كيفية التربيت على خَطْم بعض أسماك القِرْش الضخمة البيضاء، ونجح في ذلك، وأبدى سروره الشديد. أما أسماك القِرْش فلم نعرف شعورها أبدًا فهي لم تتحدث عنه.

حماية أسماك القِرْش

تأسَّست عدة مؤسسات متخصِّصة لحماية أسماك القِرْش فيما كانت بعض الجمعيات الأخرى أكثر شمولية، ووجَّهت اهتمامها لحماية التنوُّع الحيوي.

يُوجد ضمن لجنة بقاء الأجناس التابعة للاتحاد الدولي لحفظ الطبيعة مجموعة من المتخصصين في مجال أسماك القِرْش (http://www.iucnssg.org) وأصدروا من العام 1994 إلى العام 2004 مجلة بعنوان «أخبار أسماك القِرْش».

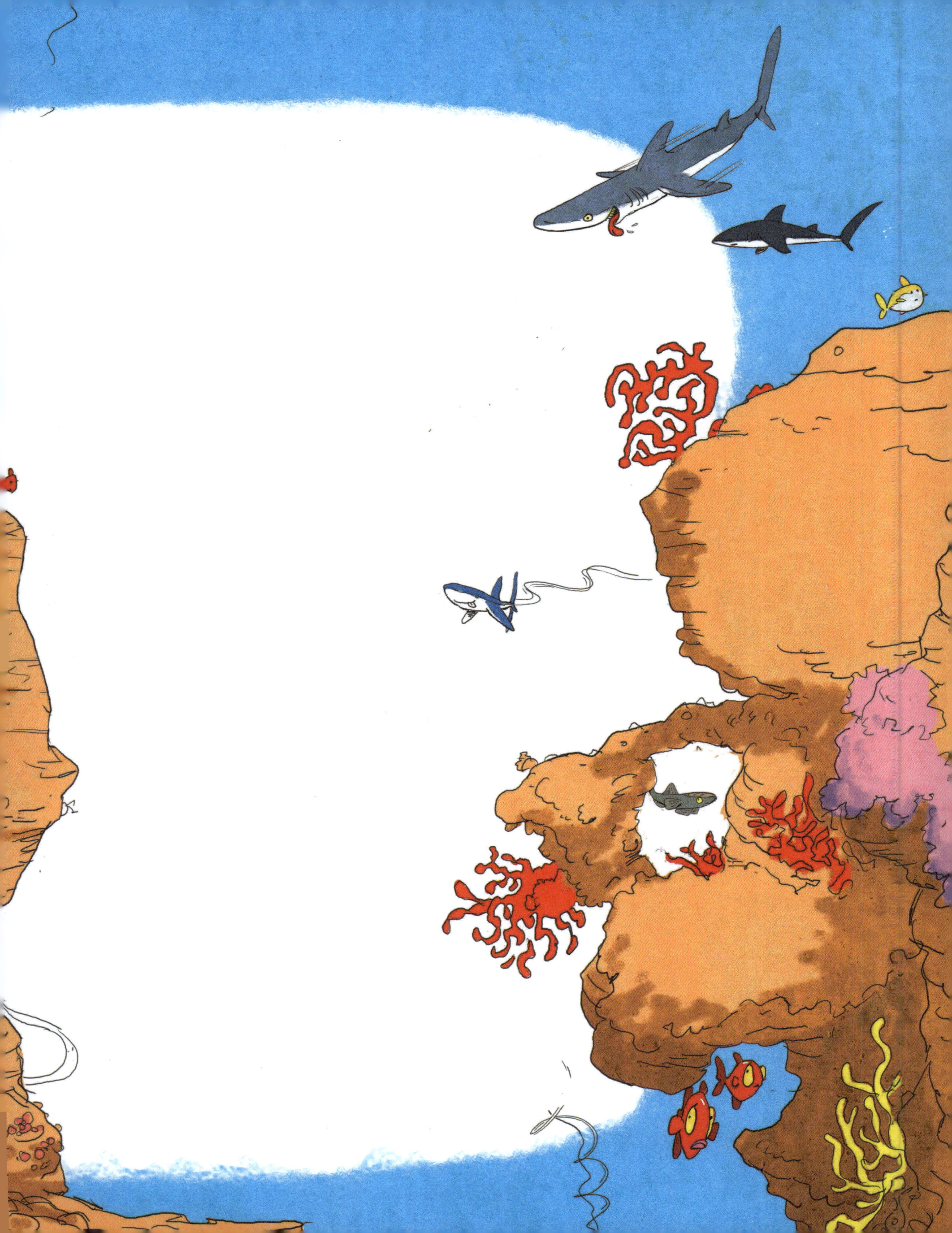

المراجع

Bernard Séret, Julien Solé,
Les Requins. Les connaître pour les comprendre.
La petite bédéthèque des savoirs. Le Lombard, 2016

Bernard Séret, Requins. Conservation et protection.
Le Courrier de la Nature, n°294, janvier-février 2016, p. 34-41.
(www.snpn.com)

Bernard Séret, Guide des requins,
raies et chimères des pêches françaises.
Convention Direction des Pêches maritimes – IRD, 2010

Alexandrine Civard-Racinais, Alain Bénéteau,
Requins, un monde fascinant. Belin Jeunesse, 2014

Gilles Cluny, Alain Bénéteau, Requins.
De la préhistoire à nos jours. Belin, 2013

David A. Ebert, Sarah Fowler, Marc Dando (illustr.),
Requins du monde. Delachaux & Niestlé, 2016

Ernest Hemingway, Le Vieil Homme et la Mer.
Gallimard, 1972

Guillaume Lecointre, Hervé Le Guyader,
Classification phylogénétique du vivant. 3e édition
revue et augmentée. Belin, 2006

Karen Shanor, Jagmeet Kanwal, Les souris gloussent
et les chauves-souris chantent. Éditions Corti, 2015

Marc Taquet, Alain Diringer, Poissons de l'océan Indien
et de la mer Rouge. Deuxième édition.
Éditions Quae, 2012

Stéphane Tanzarella, Perception et communication
chez les animaux. De Boeck, 2006

Henriette Walter & Pierre Avenas,
La Fabuleuse Histoire des noms de poissons.
Robert Laffont, 2011